FACULTÉ DE DROIT DE PARIS.

THÈSE

POUR LA LICENCE.

L'acte public sur les matières ci-après sera soutenu,
le jeudi 17 juin 1858, à une heure,

Par FERDINAND-ALBERT DE FÉRIET, né à Nancy (Meurthe).

Président : M. ORTOLAN, Professeur.

Suffragants :

MM. PELLAT, Doyen de la Faculté.
OUDOT,
GIRAUD, } Professeurs.
DEMANGEAT, Suppléant.

*Le Candidat répondra en outre aux questions qui lui seront faites
sur les autres matières de l'enseignement.*

PARIS,

CHARLES DE MOURGUES FRÈRES, SUCCESSEURS DE VINCHON,
Imprimeurs de la Faculté de Droit,
RUE J.-J. ROUSSEAU, 8.

1858.

3343

C.

A MON PÈRE, A MA MÈRE.

A MON FRÈRE, A MA SOEUR.

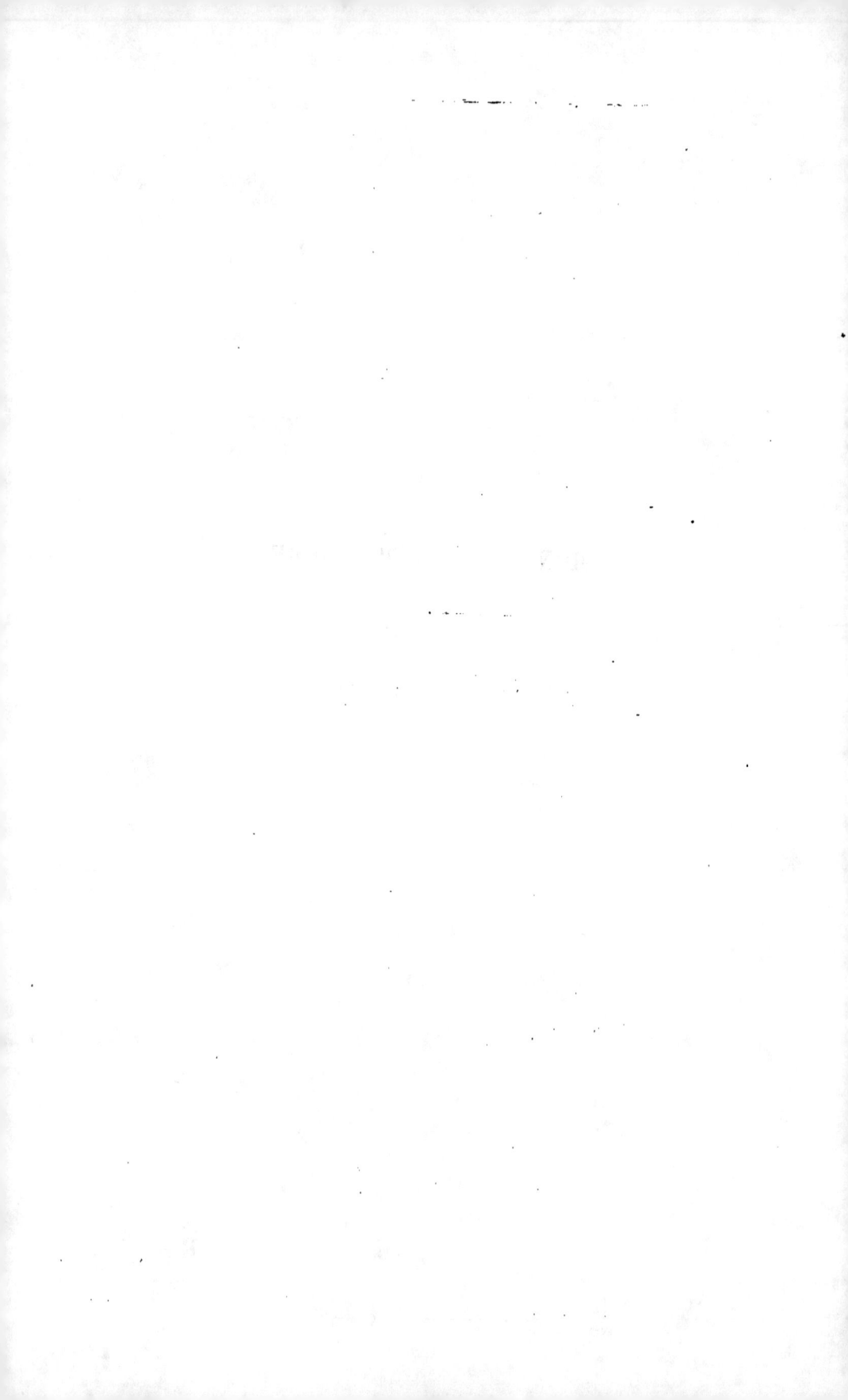

JUS ROMANUM.

DE CONDICTIONE INDEBITI.

(Dig., lib. xii, tit. vi.)

Indebitum si quis per errorem facti solvit, id condicere potest. Hæc condictio, ex æquo et bono introducta, ex consensu
ficto et præsumpto nascitur, et ideo quasi ex contractu, nam
qui solvit eo animo existimatur esse, ut si indebitum sit
quod solvit, accipientem ad restituendum obliget; ea conditione vero accipere censetur qui accipit, ut nihil alienum injuria retineat, neque cum alterius detrimento locupletior fiat.

De hac indebiti soluti condictione quando competat, cui et
adversus quem, denique quid in ea veniat videamus.

PARS PRIMA.

QUANDO CONDICTIO INDEBITI COMPETAT.

Ut huic condictioni locus sit, tria desiderantur : primum ut indebitum sit solutum, quoniam debiti solutio liberationem parit, indebiti vero repetitionem; secundum ut nulla causa fuerit propter quam solveretur; tertium quod ignorans solverit, qui solvit.

1° *Ut sit indebitum.*

Indebitum porro dicitur quod nullo modo debetur. Debitum vero quod ex mere naturali quidem obligatione debetur. Ex quibus causis autem retentionem habemus, petitionem vero non habemus, si solverimus, repetere non possumus, quia debitum. V. G., libertus, cum operas, se patrono debere crederet, solvit, repetere non poterit, quamvis per errorem se obligatum putasset, quia natura patrono libertus operas debet.

Item, si pater filio suo crediderit, isque emancipatus solvat, repetere non poterit, si nihil ex peculio maneat. Si vero maneat aliquid, pater ex eo peculio sibi solvisse censetur, et filius solutum indebitum repetet.

Item, si pupillus mutuum sine tutoris auctoritate acceperit, locupletiorque factus sit, si pubes solvat, non repetet.

Multis autem modis solvitur indebitum.

Indebitum solutum esse potest, quum pro ea causa solvitur, quæ omnino non exstitit; verbi gratia, si te falso creditorem meum existimarem, aut quum ex his causis solvitur, quæ nullum juris effectum habent.

Exempla videamus : Si quid ex testamento, quod postea falsum, vel inofficiosum, vel irritum, vel ruptum apparuerit, solutum sit, repetetur. Item, servum meum nesciens a te emi; solutam sine causa pecuniam repetere possum.

Indebitum videtur similiter quod ex ea causa solvitur quæ conditione suspenditur. Nil autem repeti potest, quum sive conditio, sive causa propter quam debitum sit, existat. Multum distat inter diem et conditionem. In diem debitor ante diem solutum non potest repetere; si vero dies incerta, quum pro conditione est, solutum repetetur. Si quis, ex ea causa quæ liberatione jam contigit, solvit, id, sicut indebitum, repetet. Quum duo pro reo viginti fidejussissent, et reus quinque solvisset, si postea fidejussorum quisque decem dederit, qui ultimus solvit, quinque repetere potest, nam viginti solutis, quinque indebita data sunt. Si duo rei sex debebant, et simul eodemque tempore solverint duodecim, dimidium quod amplius solverint, id est, ter cujusque, repetere debent. Sin autem nulla pecunia, alia verum obligatio debita sit, nil dividendum erit, at electionem qui solvere velit, creditor habebit.

Si quis, perpetua exceptione tutus, quod debebat, solverit, hoc repetere potest, nisi sciens solverit. Non autem omnis exceptio perpetua, ea sola vero quæ naturalem obligationem tollit, rem facit indebitam; verbi gratia, si injuria absolvit judex, absolutusque solverit, repetere non potest, quia injuria locupletior factus fuisset, et hoc, natura iniquum. Quod ad temporales attinet exceptiones, non magis, rem indebitam facere quam diem adjectam posse dicendum est. Sufficit vero ad causam indebiti, incertum sit utrum temporaria an perpetua sit exceptio.

Quod alii solvitur, si debeatur alii, vel quod alius debeat, si alius solvit, ut indebitum per errorem datum, repeti potest. Tale est quod creditoris falso procuratori, vel quod falso heredi solutum est.

Quamvis enim debitum sibi quis recipiat, si dat indebitum is qui dat repetitionem habet. Si vero debitoris nomine solverit, repetitio nulla est ex quo qui suum recepit tametsi ab alio quam a vero debitore datum sit.

Indebitum constat esse quum quis aliam rem quam debitam per errorem solverit, verbi gratia si quis se Stichum aut Pamphilum debere putans, cum Stichum solum debeat, Pamphilum solvat, eum quasi indebitum solutum repetere potest.

Denique quod plus quam debitum solvitur repeti potest ; si patrem enim cui heres exsto plus quam debito creditori suo solvisse probare possum, vel, si in solvendo fundo, aliquam ego servitutem, veluti itineris, quam excipere debebam, servare omisi, ea soluta indebita repetere possum. Si, pariter deductiones et retentiones, quæ mihi competebant solvendo non feci, eas per condictionem recte recipiam.

Sæpe in futurum pendet utrum debitum an indebitum sit quod solutum, veluti si decem aut Stichum stipulatus sex solvi ; si postea Stichum solvam, sex jam soluta repetere possum. Si vero quatuor, non Stichum, postea solvam, nil repetendum est, quia solum debitum solvi.

2° Oportet ut nulla fuerit solutionis causa.

Quod licet indebite solutum est, non repetitur, si fuit aliqua solvendi causa, veluti pietatis, et potissimum judicati transactionisque.

Judicati : si quis, licet per injuriam judicis, condemnatus fuit, solutum non repetitur. At non sufficit quemdam se condemnatum existimare, necesse est autem intervenisse condemnationem. Hinc, si quis, quasi ex compromisso condemnatus, falso solverit, repetere potest. At si intervenerit, quamvis inefficax, condemnatio, nulla repetitionis causa manet.

Transactionis pariter causa indebitum recte solvitur. Quod etenim transactionis causa datum fuit, licet nulla res sit de qua transactum fuerit, non repetitur. Hoc ipsum, quod a lite disceditur, hujus ratio videtur esse.

Sin autem inefficax est transactio, aut post rem judicatam facta, aut falso suspecta, repetitioni locus est.

3° *Oportet ut indebitum ignorans quis solverit.*

Si sciens se non debere solvit quidam, sive donare velit, sive ea mente ut postea indebitum repeteret, solverit, non repetere potest. Maxime autem non repetet, si dolo malo, aliam pecuniam quam debitam, veluti æs quasi aurum solverit; non repetet, neque quidem liberabitur. Repetitioni vero locus erit, quum ex conditione personæ solutio sit irrita, veluti si a pupillo sine tutoris auctoritate facta fuisset.

PARS SECUNDA.

CUI ET ADVERSUS QUEM INDEBITI CONDICTIO COMPETAT.

Cui competat : indebitum qui solvit alicujus nomine nullam repetitionem habet; ei vero cujus nomine solutum est condictionem dari constat.

Quod de tutore, qui indebitum impuberis nomine numeravit, dicendum est. Non vero de procuratore in rem suam, qui proprio, non alieno nomine solvit.

Id, quod supra diximus, ex subtilitate juris est; sed, benigne ei qui solvit, utilis actio datur. Hoc maxime locum habet, si ei qui solvit, nullus est soluti recuperandi modus. Si procurator indebitum solverit, dominusque ratum non habeat, posse repeti Labeo scripsit. Sæpe ei qui nec ipse solvit, nec cujus nomine solutum fuit, hanc utilem condictionem competere notandum est. Nec novum ut, quod alius solverit, repetat alius.

Adversus quem competat : adversus eos solos condicitur, quibus quoquo modo soluta est pecunia, non quibus proficit.

Hoc ita intelligendum est ut, adversus eum cujus jussu solutum est, condictio competat. Itaque si procuratori solutum sit
indebitum ratumque habeat dominus, a domino qui vere acce-
pit, repetendum : sin autem non ratum, a procuratore repeti
posse ; item, si procuratori falso solutum sit, dominusque ratum
habuerit, ipse tenetur.

PARS TERTIA.

QUID IN CONDICTIONE INDEBITI VENIAT.

Videamus nunc ad quod tendat condictio, et quatenus quis
ex ea teneatur.

Quod indebitum per errorem solvitur, vel ipsum, vel tantumdem repetitur, et tantum quidem condicitur, quod in accipientem translatum fuerit. Non semper in specie repetitur, sed
ut supra dictum est tantumdem, veluti quum pecunia, aut cæ-
teræ res fungibiles solutæ sunt. Quum fabriles operæ indebite
exhibitæ sunt, earum æstimatio condicitur.

Quum qui solvit aliquid deberet, plus autem quam deberet,
solvit ; quod amplius quam debitum dedit, repetere poterit.

Observandum adhuc ei qui indebitum repetit, et rei fructus,
et ancillarum partus, deductis impensis, restitui debere.

Ea condictione eatenus tenetur qui bona fide indebitum ac-
cepit, quatenus locupletior factus est : sic, habitationem falso
putans me tibi debere solvi, non quanti locare potuissem, sed
quanti tu conducturus fuisses si alia usus esses, indebiti condictione repetam.

DE JURIS ET FACTI IGNORANTIA.

(Dig., lib. xxii, tit. vi.)

Hoc solum repeti posse, quod errore facti solutum est, supra diximus. Duplex enim ignorantia distinguitur : altera juris, altera facti.

Juris ignorantia dicitur ea qua aliquis ignorat quæ legibus constituta sint.

Ignorantia autem est facti, qua quis ignorat evenisse factum quoddam, quod evenit, puta si quis quemdam cujus heres esset decessisse, ignoraverit.

De juris ignorantia hoc observandum est, eam nimirum, neque prodesse, neque nocere.

Non prodest quia quemquam neque lucro afficit, neque etiam damno jam illato liberat. Sic, qui per errorem juris indebitum solvit, non potest repetere solutum. Neminis tamen damni causa juris ignorantia esse potest, id est, in amittendæ rei suæ damno nunquam nocet.

Nonnullis tamen personis jura civilia ignorare impune licet. Excipiuntur etenim e prædicta regula viginti quinque annis minores propter imperfectam adhuc ætatem. Jam scimus pupillum, quod sine tutoris auctoritate, promiserit, repetere, quia nec natura debet.

Militibus pariter juris ignorantia remittitur. Excipiuntur quoque, non autem in omnibus casibus, propter sexus debilitatem, rerumque forensium imperitiam, mulieres. At nunquam eis in lucris juris ignorantia prodest : imo nec eas semper a damno liberat.

A pœna autem et crimine liberat, si tantum a jure civili procedat pœna crimenve, verbi gratia, si Velleianum jurisconsultum ignorans, intercesserit mulier. Si vero crimen natu-

rali jure prohibitum sit, ut furtum ac stuprum, non a pœna
liberabit ignorantia, quia jus naturale a nemine ignorari debet.

Certis quoque casibus rusticos excusat juris ignorantia.

De facti autem ignorantia statuitur, ut nemini noceat, sive
in amittendæ rei suæ damno, vel etiam in lucris. Præterea
quod neminem damno subjiciat, quemlibet et a damno liberat
et lucro afficit. Hinc, qui rem plane indebitam errore facti
solvit, eam repetere potest.

Ea vero regula de facti ignorantia propria, non de alterius
intelligenda est. Præterea, proprii facti ignorantia neminem
excusare potest. Aliquando tamen justa atque probabilis proprii facti ignorantia excusat, dum facti etiam alieni quibusdam
casibus non prodest ignorantia.

Observandum denique crassam et supinam ignorantiam,
sive affectatam, id est quæ cum modica causa discussa fuisset,
neminem excusare posse.

QUEMADMODUM ACTIONES PER INFICIATIONEM DUPLICANTUR.

(Pauli Sententiarum, lib. 1, tit. 19.)

Quidquid a reo solvitur ex his causis quæ per inficiationem
crescunt, non potest repeti, quia transactionis causa, id est ut
pœnam quæ ex inficiatione nascitur, evitet, solvisse censetur.
Scimus enim quidquid transactionis causa solutum est repeti
non posse.

Scripserunt enim Diocletianus Maximianusque : Ea quæ per
inficiationem in lite crescunt, ab ignorante etiam indebita
soluta repeti non posse certissimi juris est.

Paulus, quinque actiones enumerat, quæ per rei inficiationem duplicantur, scilicet :

1° *Actio judicati*, quæ adversus reum, postquam damnatus fuerit, condemnationem suam inficiantem data est.

2° *Actio depensi*, quæ, ex Publilia lege introducta in duplum sponsoribus promissoribusque datur, adversus inficiantem reum pro quo solverunt.

3° *Actio per damnationem legati*, nam quum hac formula « *damnas esto* » legaverit testator, hæres legatum veluti condemnationem præstare debet ; adversusque eum legatum inficiantem, datur in duplum actio.

4° Actio damni injuria legis Aquiliæ, qua si quis damnum injuria fecisse inficiatus sit, in duplum damnabitur.

5° *Actio de modo agri*, quæ emptori, quum de modo agri deceptus fuerit, datur. Non tamen ob inficiationem competit hæc actio, sed quum venditor non exstantia negans, quæ non erant affirmavit.

Sic enim scripsit Paulus : « Si quis, distracto fundo de modo « mentitur, in duplo ejus quod mentitus est, officio judicis es- « timationem facta, convenitur. »

Justiniani tempore notandum est primum de inficiatione judicati nusquam agi, nam judex simul ac magistratus prætor est, secundum sponsio in fidejussionem transfusa est.

Deinde, Justinianus, quum unam legatorum formam agnoverit, crescere voluit non omnia legata, sola vero ea quæ sacrosanctis ecclesiis cæterisque venerabilibus locis relicta fuerint.

POSITIONES.

I. Quæ ex officio atque obsequio funguntur licet per errorem soluta, non possunt repeti.

II. Si is qui alternative duas res promisit, utramque solverit, eam quam vult ad condicendam, electionem habet.

III. Qui hominem generaliter promisit, si Stichum se promisisse putans solverit, repetere potest.

IV. Accipiens bonæ fideive proprio facto liberare potest.

V. Non prodest omnis ignorantia facti.

DROIT FRANÇAIS.

DES ENGAGEMENTS QUI SE FORMENT SANS CONVENTION.
(Liv. 3, tit. 4, ch. 1, art. 1370-1382.)

La convention est la source la plus féconde des obligations qui peuvent naître entre les personnes, mais elle n'est pas la seule. Des liens de droit peuvent se former entre elles indépendamment de tout accord de leurs volontés. C'est ce qu'exprime l'art. 1370 du Code Napoléon : « Certains engagements « se forment sans qu'il intervienne aucune convention de la « part de celui qui s'oblige, ni de la part de celui qui est « obligé. » Une grave inexactitude frappe tout d'abord dans la rédaction de cet article : il semble supposer qu'une convention peut intervenir de la part d'une seule personne, tandis qu'il est de toute évidence, que la part, le concours de plusieurs personnes est indispensable pour former une convention.

Les engagements nés en l'absence du consentement réciproque des parties, résultent, soit d'un fait de l'homme, soit de la loi.

Les premiers sont le produit d'un fait volontaire ; s'il est licite, ce sont des quasi-contrats ; s'il est illicite, ce sont des délits ou des quasi-délits. Le fait n'est pas seulement, comme la loi le dit à tort, personnel à celui qui s'est obligé ; il peut arriver fort bien, et nous le verrons, que la personne envers laquelle est obligé l'auteur du fait, le soit à son tour envers lui.

Les engagements de la deuxième classe naissent d'un fait involontaire et de la loi. Pourquoi donc la loi est-elle désignée ici comme la source spéciale de ces obligations ? N'intervient-elle pas dans toutes ? N'est-ce pas elle qui, présidant aux relations principales qui se forment entre les hommes au sein de la société, a pour mission de leur imposer les éternels principes de l'équité naturelle, d'en conserver le dépôt, et d'en sanctionner l'application ? Les contrats, les quasi-contrats, les délits, les quasi-délits, ne naissent-ils pas en ce sens de la loi ?

En effet, l'obligation vient de la loi dans tous les cas, mais dans les quatre premiers que nous avons mentionnés, la loi se cache, en quelque sorte, derrière un fait palpable et nettement caractérisé, auquel est attribuée la naissance de l'obligation. Dans le cinquième, au contraire, le fait est moins saisissant, il est involontaire, et, en outre, il est tellement multiple et se présente dans des circonstances si variées que, dans l'impossibilité de trouver un nom générique qui pût le désigner, on a attribué la naissance de l'engagement à la source commune de toutes les obligations, c'est-à-dire à la loi. Le texte cite, comme formées indépendamment de tout fait de l'homme, les obligations des tuteurs et autres administrateurs forcés d'accepter les fonctions qui leur sont confiées, et celles qui existent entre les propriétaires voisins.

Mais ces deux cas ne sont cités qu'à titre d'exemple, et il peut s'en présenter un bien plus grand nombre.

DES QUASI-CONTRATS.

« Les quasi-contrats, nous apprend l'art. 1371, sont les faits « purement volontaires de l'homme, dont il résulte un engage- « ment quelconque envers un tiers, et quelquefois un engage- « ment réciproque des deux parties. »

Cette définition corrige l'inexactitude que nous signalions tout à l'heure, en ce qu'elle indique la possibilité d'un engagement réciproque des deux parties, mais elle pèche gravement par un autre côté.

Ne voit-on pas, en effet, que, en se bornant à définir le quasi-contrat un fait volontaire dont il résulte un engagement envers un tiers, sans ajouter que ce fait doit toujours être licite, les rédacteurs ont donné une définition applicable aussi bien au délit et au quasi-délit qu'au quasi-contrat? Il fallait donc ajouter : les faits licites de l'homme, etc.

Le quasi-contrat étant un fait volontaire, son auteur doit avoir l'intelligence de son action, sans qu'il lui soit besoin de la capacité de s'obliger. Ainsi, un fou, un enfant, ne pourront valablement obliger une autre personne par quasi-contrat, tandis que le consentement ne devant se trouver que d'un côté, le plein exercice de la raison n'est pas nécessaire chez celui qui est obligé.

Nous devons observer, en terminant ces notions générales, que cette dénomination de quasi-contrats est une innovation de notre droit français, et elle montre la différence profonde qui, sur ce point, le sépare des lois romaines. Toutes les obli-

gations, en droit romain, découlaient de deux sources : le contrat, le délit. Quant aux engagements qui ne pouvaient rigoureusement se rattacher à l'une ou à l'autre de ces deux origines, on disait, suivant que le fait dont ils étaient issus était ou non entaché d'illégalité, qu'ils étaient nés *quasi ex delicto, quasi ex contractu.* Les législateurs romains attachaient donc une plus grande importance à l'effet produit qu'à la cause efficiente, et comme en définitive ces effets étaient dans tous les cas des engagements, on ne reconnaissait que deux sources principales.

Notre droit, au contraire, a distingué les causes, et à la simple dualité d'origine des obligations en droit romain il a substitué la pluralité.

DE LA GESTION D'AFFAIRES.

Toutes les fois qu'une personne a géré les affaires d'une autre sans en avoir reçu de mandat, il se forme entre la première, c'est-à-dire le gérant et la seconde, qu'on appelle maître, des obligations réciproques qui ont pour but, d'une part, d'empêcher que les affaires d'autrui ne soient compromises par l'immixtion d'un administrateur inhabile ou maladroit, et, de l'autre, d'indemniser celui qui n'a épargné ni son temps, ni ses soins, ni peut-être sa fortune, pour rendre un service important.

Pour qu'il y ait quasi-contrat de gestion d'affaires, trois conditions doivent se trouver réunies :

1re *Condition.* — Il faut que le gérant ait fait l'affaire d'autrui.

2e *Condition.* — Il faut qu'il ait géré sans mandat.

En effet, il importe beaucoup de distinguer le contrat de mandat du quasi-contrat de gestion d'affaires. Il y a entre eux deux différences très-notables.

1te *Différence.* — Le mandataire peut se faire rembourser toutes les dépenses que lui a occasionnées l'exécution de son mandat. Le gérant, au contraire, ne peut réclamer que ce qu'il a dépensé utilement.

2e *Différence.* — Le gérant doit continuer sa gestion, même après la mort du maître, jusqu'à ce que les héritiers aient pu venir recueillir la succession. Au contraire, le mandataire n'y est tenu que dans le cas où il y aurait péril en la demeure.

On voit que la loi est beaucoup plus sévère pour le gérant que pour le mandataire ; celui-ci, en effet, a été choisi par le maître, il agit d'après ses ordres ; s'il les a accompli scrupuleusement, on ne peut rien lui demander de plus.

C'est, au contraire, de son propre mouvement, sans avoir reçu aucune injonction, aucune règle de conduite, que le gérant prend la direction des affaires d'autrui : en s'y immisçant il doit donc engager étroitement sa responsabilité. Mais quand dira-t-on qu'il y a mandat? et quand y aura-t-il gestion d'affaires? Sur ce point s'élève une difficulté. En effet, de ces mots de l'art. 1372: *soit que le propriétaire connaisse la gestion, soit qu'il l'ignore,* il semble résulter qu'il y aura gestion d'affaires, même au su du maître ; mais alors comment distinguer le quasi-contrat du contrat de mandat, lorsque celui-ci est tacite? Les différences que nous venons de remarquer entre la gestion d'affaires et le mandat nous font assez sentir tout l'intérêt de cette question.

Je crois qu'elle ne peut se résoudre d'une manière absolue, et que la solution devra dépendre ici de toutes les circonstances de fait que l'on pourra recueillir. Mais nous pouvons dire, au moins, que si le maître a su qu'une autre personne a pris la direction de ses affaires, s'il a été mis au courant de tous ses actes, et que, pouvant parfaitement s'opposer à cet état de choses, il l'a laissé continuer, il y a là évidemment un mandat tacite. Si, au contraire, le maître n'a eu qu'une connaissance incomplète du fait, ou s'il l'ignorait, ou bien encore s'il a été dans l'impossibilité d'intervenir, nous appliquerons les principes de la gestion d'affaires.

3ᵉ *condition*. — Qu'il ait géré *sine animo donandi*. En effet, s'il a eu l'intention de faire une libéralité, il n'aura aucune action contre celui dont il a géré l'affaire ; il faut, au contraire, qu'il ait eu l'intention d'obliger le maître envers lui.

Obligations du gérant.

A part les deux différences que nous avons signalées, il faut appliquer ici les règles du mandat. Le gérant doit accomplir l'affaire dont il s'est chargé, avec toutes ses dépendances, et doit s'efforcer de la mener à bonne fin. Il doit continuer sa gestion jusqu'à ce que le maître ou, s'il est mort, ses héritiers puissent s'en charger eux-mêmes. Il doit apporter à l'affaire tous les soins d'un bon père de famille, et, enfin, il est tenu de rendre compte de sa gestion. Ce compte sera plus rigoureux que celui que doit rendre le mandataire. Pour apprécier les dommages et intérêts qui pourraient résulter de la faute du gérant, les juges auront égard aux circonstances qui ont pu déterminer le gérant à se charger de l'affaire. Celui qui, entreprenant des opérations difficiles, déjà compromises, et qu'aucune autre personne n'aurait voulu effectuer, n'a été mu que par son dévouement, devra être vu d'un œil moins sévère et moins scrupuleux que celui qui a pris la direction d'une affaire que tout autre à sa place aurait volontiers gérée.

Obligations du maître.

L'art. 1375, avant d'énumérer les obligations du maître,

nous apprend que l'affaire, pour les faire naître, doit avoir été bien administrée, utilement gérée. C'est après un examen attentif des faits et des circonstances dans lesquelles se sera produite la gestion, que l'on pourra décider si cette condition a été accomplie. L'appréciation aura-t-elle été favorable au gérant, le maître devra remplir tous les engagements qu'il aura contractés en son nom, l'indemniser des engagements personnels qu'il aura pris et lui rembourser toutes les dépenses utiles et nécessaires qu'il aura faites. Ainsi, tantôt les créanciers n'ont aucune action contre le gérant, et n'ont pour débiteur direct que le maître, tantôt ils n'ont point d'action directe contre le maître, mais ils peuvent exercer celle qu'a le gérant d'affaires, conformément au principe de l'art. 1166. Outre les avances faites par le gérant pour l'exécution des dépenses utiles, le maître doit lui payer l'intérêt des mêmes avances.

DU PAYEMENT DE L'INDU.

Le quasi-contrat de payement de l'indû est basé sur ce principe d'équité naturelle que nul ne doit s'enrichir aux dépens d'autrui; nous l'avons vu en droit romain : *œquum est neminem cum alterius detrimento et injuria locupletiorem fieri*. On peut donc le définir : un quasi-contrat, par lequel celui qui a payé par erreur une chose qu'il ne devait pas, oblige celui qui l'a reçue à en faire la restitution.

Il peut se présenter dans deux cas distincts, prévus par les art. 1376 et 1377 du Code Napoléon. Le premier de ces articles suppose que le payement a été fait par un débiteur à un autre que le créancier; le second, que celui qui a reçu était bien créancier, mais que le payement a été fait par un autre que le débiteur.

Dans le premier cas, celui qui, par erreur ou sciemment, a

reçu la chose s'oblige à la restituer; mais, afin que celui qui a payé puisse répéter, faut-il, comme en droit romain, qu'il ait payé par erreur? L'art. 1376 se tait sur cette condition exigée par l'art. 1377 pour la répétition dans le second cas. Nous croyons que, même dans le silence du texte, il ne faut pas hésiter à dire que le payement doit avoir été fait par erreur. En effet, une personne qui paye sciemment une chose à celui à qui elle n'est pas due, veut ou lui faire une libéralité ou seulement accomplir un acte dérisoire. Or, cette intention ne doit jamais être supposée en droit français. Les actes civils doivent toujours être interprétés dans le sens avec lequel ils peuvent produire quelqu'effet (art. 1157), et ici, par conséquent, la personne qui a payé sera censée avoir voulu faire une donation. Mais cette donation ne sera évidemment valable que si elle a eu pour objet un meuble ou l'abandon d'un droit mobilier ou immobilier, seules choses qui peuvent être données sans les solennités prescrites pour la validité des donations. Si le payement a eu pour objet un immeuble ou un droit immobilier, la donation sera considérée comme nulle et pourra être répétée.

Dans le second cas, il n'y a pas de difficulté; si celui qui a payé l'a fait par erreur, c'est-à-dire s'il a cru payer sa propre dette, il y a lieu à répétition. Si, au contraire, il savait bien qu'il n'était pas débiteur, le droit de répétition cesse pour lui : il a géré l'affaire du véritable débiteur, c'est donc à lui qu'il devra s'adresser pour rentrer dans les sommes qu'il aura déboursées. Son droit de répétition cessera même lorsqu'il aura payé par erreur, si le créancier a détruit sans fraude son titre de créance ; le tiers est traité sévèrement, mais il doit subir les conséquences de sa faute.

En droit français, faut-il, comme en droit romain, distinguer entre l'erreur de fait et l'erreur de droit? Les art. 1376 et 1377 sont conçus dans des termes trop généraux pour laisser le moindre doute sur ce point : il faut donc décider que l'erreur de droit doit être mise sur la même ligne que l'erreur de fait, et que toutes deux donnent lieu à répétition.

Lorsqu'une dette naturelle a été acquittée, il n'y aura pas lieu à répétition (art. 1235, C. N.). On peut citer comme obligations naturelles celles du mineur, de l'interdit, de la femme mariée non autorisée. La preuve de ces obligations étant fort difficile, et souvent même fort dangereuse à faire, la loi n'en permet pas l'exécution forcée. Seulement, si le débiteur, de son plein gré et en parfaite connaissance de cause, remplit son engagement, la loi s'oppose à toute répétition ultérieure, parce que la présomption d'inexistence qui protégeait le débiteur tombe par le payement fait volontairement. S'il s'engage une contestation sur la réalité du payement, ce sera au demandeur à en faire la preuve, et cette preuve ne pourra être faite par témoins lorsque la somme payée dépassera 150 fr. L'art. 1348 admet, il est vrai, la preuve testimoniale pour toute obligation résultant des quasi-contrats, mais il est évident que le législateur n'a entendu parler que de ceux dont il était impossible d'obtenir la preuve écrite.

Le demandeur doit prouver ensuite que la dette payée n'existait pas, preuve moins difficile à faire qu'il ne le semble, et que l'on donne en circonscrivant le fait général à un fait positif déterminé. La preuve serait mise à la charge du défendeur, s'il avait commencé par nier le payement qui a été prouvé ensuite ; car du moment que la réception de la chose indue, qu'il avait niée d'abord, a été reconnue, une forte présomption s'élève contre lui au profit du demandeur, et il devra prouver l'existence de la dette.

Effets du payement de l'indu.

L'étendue de l'obligation de celui qui a reçu une chose qui ne lui était pas due, varie suivant qu'il était de bonne ou de mauvaise foi.

Il y a d'abord un cas dans lequel l'obligation de restituer cesse tout-à-fait au profit du créancier qui a reçu de bonne foi le payement fait par un tiers. C'est lorsque le créancier, par suite du payement, a supprimé son titre de créance. Au contraire, le créancier qui a reçu de mauvaise foi, est toujours obligé de rendre ce qu'il a reçu, alors même qu'il a supprimé son titre.

Celui qui a reçu de mauvaise foi un payement indûment fait doit restituer tant le capital que les intérêts ou les fruits du jour du payement. S'il est de bonne foi, il ne les doit que du jour de la demande en restitution. Si, étant de bonne foi au jour de la réception, il est devenu ensuite de mauvaise foi, il devra les intérêts ou les fruits du jour où sa mauvaise foi a commencé.

Celui qui a reçu de mauvaise foi est tenu, non seulement de sa faute, mais encore des cas fortuits. Cependant, s'il peut prouver que le cas fortuit aurait atteint la chose, même si au lieu d'être possédée par lui, elle eût été en la possession du demandeur, je crois qu'il n'en répondra pas.

Si le possesseur de bonne foi a vendu la chose qui lui a été payée indûment, il ne doit restituer que le prix qu'il a retiré de cette chose, fût-il même bien inférieur à sa valeur réelle. Celui qui a vendu la chose qu'il a reçue de mauvaise foi, doit au contraire, si le prix est inférieur à la valeur de la chose vendue, restituer la valeur réelle de la chose, et si le prix est égal ou supérieur à cette valeur, c'est le prix lui-même qui sera restitué.

Enfin, le propriétaire qui recouvre la chose qu'il avait payée
indûment doit rembourser au possesseur de bonne ou de mauvaise foi toutes les dépenses nécessaires, même au cas où elles
n'auraient pas augmenté la valeur de la chose. Quant aux dépenses utiles, la distinction de l'art. 555, doit être observée ici ;
le propriétaire aura le choix de payer la dépense ou la plus
value, si le possesseur est de bonne foi.

Enfin, les dépenses voluptuaires devront être remboursées
au possesseur de bonne foi, et non à celui de mauvaise foi,
puisque le propriétaire n'en a retiré aucun profit.

**Loi du 10 vendémiaire de l'an IV sur la police intérieure des communes,
tit. I, IV, V.**

La commune est une personne morale ; elle a ses droits et
ses devoirs et peut être liée par les mêmes causes d'obligations
que les particuliers : contrats, quasi-contrats, délits, quasi-
délits, loi.

La base des obligations dont est tenue la commune, par suite
de délits et de quasi-délits, est posée dans la loi du 10 vendémiaire an IV.

Cette loi, rendue dans des circonstances heureusement excep-
tionnelles, a été souvent critiquée et même qualifiée de bar-
bare. Il est vrai que certaines de ses dispositions pourraient
aujourd'hui paraître exorbitantes. Mais il faut, pour les justi-
fier, se reporter aux temps de trouble pendant lesquels elle
a été rendue, et qui en expliquent la rigueur et l'anomalie. Du
reste, le principe sur lequel elle repose est fort sage : chacun
étant tenu de réparer le dommage causé par sa faute, il est
juste que la commune, qui ne s'est pas opposée aux actes de
trouble de ses administrés, soit responsable des conséquences
qu'ils ont entraînées. Aussi, ne croyons-nous pas que cette loi

soit abrogée : c'est à tort qu'on l'a prétendu ; elle ne l'a été ni
expressément ni tacitement. Certaines de ses dispositions sont
évidemment tombées en désuétude ; mais les autres ont con-
servé toute leur utilité et doivent être maintenues et appli-
quées.

Tous les délits et quasi-délits commis sur le territoire de la
commune ne peuvent évidemment l'obliger. La loi de vendémiaire an IV énumère ceux qui engagent sa responsabilité.

Ce sont, en premier lieu, les délits commis à force ouverte,
ou par violence, sur le territoire de la commune, par des attroupements armés ou non armés. La commune est tenue non-
seulement de réparer les dégâts causés par les auteurs du délit,
mais elle doit réparer aussi ceux qui ont été commis par la
force armée dans l'intérêt de l'ordre public. Dans le cas où tous
les habitants auraient pris part à l'attroupement, elle doit non-
seulement réparer le dommage causé à la partie lésée, mais
encore payer une amende à l'Etat.

L'attroupement a pu être formé des habitants de plusieurs
communes, et alors toutes seront responsables. La loi ne dit
pas qu'elles soient solidaires ; mais un arrêt de la Cour de cas-
sation nous fixe sur ce point, en décidant que lorsqu'il s'agit de
codélinquants, la solidarité est de droit, et que chaque commune peut être condamnée pour le tout, sauf, bien entendu, à
exercer son recours contre les autres.

La règle généralement suivie pour la répartition de la somme
due est de faire contribuer chaque commune dans la mesure
de ses contributions directes ; mais on peut baser la répartition
sur tout autre donnée ; on peut l'arrêter, par exemple, d'après
le nombre respectif des délinquants appartenant à chaque commune ; les véritables auteurs du délit seront tenus principale-
ment.

Les choses pillées ou enlevées doivent être restituées en

nature, à moins qu'il ne s'agisse de choses fongibles; il suffirait alors que la restitution soit faite en même quantité et qua-
lité.

Si les choses enlevées ont été détruites, et qu'il y ait, par
conséquent, impossibilité matérielle de les restituer en nature,
il y a lieu à une condamnation au double de la valeur. Cette
disposition, unique dans nos lois, ne devait s'appliquer, a-t-on
prétendu, que lorsque le papier-monnaie était en usage; mais,
de nos jours même, elle a été confirmée par la pratique.

Il y a en cette matière une procédure très-sommaire : la
commune est condamnée sans être entendue; mais il doit y
avoir eu rédaction d'un procès-verbal, et cela à peine de nul-
lité de la procédure.

Je crois que cette procédure étant déjà exceptionnelle, il ne
faudra pas en outrer les conséquences. Conformément à
l'opinion la plus générale, on admettrait donc ici les droits
d'opposition et d'appel.

Quelles voies d'exécution faudra-t-il suivre?

Le montant de la condamnation sera réparti et perçu entre
les contribuables de la commune, à raison de leurs facultés.

Les propriétaires forains n'étant pas domiciliés dans la commune, échappent à la présomption de faute, et ils ne seront
pas compris dans la répartition.

De plus, la commune, pour acquitter sa dette, ne pourrait
employer d'autres moyens que ceux indiqués par la loi.

Si donc elle vendait un de ses immeubles, elle aliénerait la
propriété de tous ses contribuables, et le but de la loi ne serait
pas atteint.

La responsabilité de la commune cesse lorsqu'elle prouve
qu'elle a fait tous ses efforts pour empêcher le désordre, et
qu'aucun de ses habitants n'y a pris part, mais que tous les auteurs et provocateurs des troubles étaient des étrangers. Je

crois, bien que l'on ait souvent prétendu le contraire, qu'il faut le concours de ces deux circonstances pour décharger la commune de toute responsabilité, et que, par conséquent, une seule ne suffirait pas.

Quant aux autres cas de responsabilité communale, ils ne se présentent que fort rarement, et nous nous bornerons à les énumérer ;

Il y a lieu à la responsabilité communale :

1º Lorsque des ponts ont été rompus, des routes coupées ou interceptées ;

2º Quand les cultivateurs tiennent leurs voitures démontées ou n'exécutent pas les réquisitions qui leur sont faites légalement pour transports et charrois ;

3º Lorsque des cultivateurs à part de fruits refusent de livrer, aux termes du bail, la portion due aux propriétaires ;

4º Lorsqu'un adjudicataire de domaines nationaux a été contraint, à force ouverte, par suite de rassemblements ou attroupements, de payer tout ou partie du prix de son adjudication à d'autres qu'à la caisse des domaines ou des revenus nationaux ;

5º Lorsqu'un fermier ou locataire a été, de la même manière, contraint de payer tout ou partie du prix de son bail à d'autres qu'au propriétaire. _

DE LA PRESCRIPTION.

(Codo d'inst. crim., liv. 2, t. 7, ch. 5, art. 635-643.)

Ce n'est pas sur la seule idée du juste que la société base son droit de punir le crime ; c'est aussi pour sa conservation qu'elle croit devoir sévir. Aussi, tandis que le crime laisse à Dieu un droit imprescriptible de châtiment, le scandale qu'il a causé s'efface dans le passé par le temps et l'oubli : l'utilité, le motif et le droit de la répression disparaissent et s'éteignent donc peu à peu vis-à-vis de la société ; et, après un certain laps de temps, la prescription est acquise au profit du coupable.

Les règles de cette prescription varient, suivant qu'on se place avant ou après la constatation de la faute, suivant sa gravité, suivant qu'elle lèse la société ou des personnes prises individuellement.

1° *Prescription de l'action.*

Prescription de l'action publique.

Il résulte du principe et de la raison du droit de châtiment attribué à la société que la prescription doit s'appliquer à la poursuite de tous les crimes quels qu'ils soient, aussi bien à ceux qui peuvent entraîner la peine de mort qu'aux contraventions qui doivent se résoudre en une simple amende. Seulement le souvenir des uns, devant rester plus longtemps gravé dans la mémoire des hommes que celui des autres, la durée de l'action a été fixée à dix ans pour les crimes, trois ans pour les délits, et un an pour les contraventions de simple police, indépendamment de certaines prescriptions applicables à des matières spéciales, telles que la chasse et la pêche.

Ces délais courent du jour où le fait répressible a été commis, qu'il ait été connu ou non.

L'action en matière criminelle, d'après ce que nous avons dit, a pour objet, moins le coupable que le scandale causé ; d'où il suit que la prescription de cette action doit être interrompue, non point vis-à-vis du coupable, mais vis-à-vis de la société.

Il n'est donc besoin d'exercer aucune poursuite contre lui

directement; il suffit d'un simple acte d'instruction, d'une poursuite quelconque, fût-elle même intentée contre un innocent.

En matière civile, l'exception de prescription doit être demandée par les parties elles-mêmes, et *in limine litis*, le juge ne peut la proposer de lui-même. En matière criminelle, au contraire, le juge, comme le ministère public, représente la société, et il est tenu d'office et en quelque point de la procédure que ce soit, d'opposer la prescription. La règle doit être observée : la société n'a plus le droit de punir, le juge ne peut plus prononcer de peine.

Prescription de l'action civile.

En même temps qu'un crime lèse la société, dont il compromet la sécurité, il lèse souvent aussi une personne individuelle : il donne lieu dès lors à une action civile aussi bien qu'à une action publique. Ces deux actions, d'après les art. 637, 638 et 640, se prescrivent par le même laps de temps.

Les prescriptions en matière pénale étant presque toutes plus courtes que les prescriptions en matière civile, on arrive ainsi à restreindre l'action de la personne lésée, lorsque le fait qui a produit la lésion est plus répréhensible. Mais la loi a voulu qu'on ne pût constater un crime sans qu'on ne pût le punir.

Cet inconvénient ne se serait pas présenté si, à l'inverse, la prescription en matière pénale, eût été assimilée à celle en matière civile ; en décidant autrement, le législateur a sans doute pensé qu'il était préférable de laisser s'effacer autant que possible dans l'oubli les actes coupables qui sont de nature à donner de fâcheux exemples.

2° *Prescription des condamnations.*

Le même motif n'existe plus quand une fois le crime a été judiciairement constaté, et que le juge a prononcé une peine, et en même temps des condamnations civiles. Dès lors on peut poursuivre l'exécution de ces condamnations indépendamment de toute procédure criminelle : aussi la prescription pour les condamnations civiles est-elle régie par les règles du Code civil (art. 642).

La constatation judiciaire d'un crime lui donnant plus de publicité, le souvenir s'en efface plus lentement que celui du crime lui-même. Aussi la prescription est-elle beaucoup plus longue en ce qui concerne le droit d'exécution. Celle de dix ans se trouve portée à vingt ans, celle de trois ans à cinq ans, celle d'un an à deux années ; elle court, soit du jour où les jugement ne pourront plus être attaqués par voie d'appel, soit du jour où la condamnation en dernier ressort a été rendue, soit enfin, du jour où le condamné s'est soustrait à la peine. Ainsi, pour les jugements ou arrêts en dernier ressort le délai ne court pas, comme en matière civile du jour de la notification qui en est faite, parce qu'en effet, ce n'est pas cette notification qui les fait connaître à la société.

Mais la prescription ne s'applique qu'aux peines physiques et non aux peines purement morales, telles que l'interdiction légale et certaines autres déchéances. Celles-ci frappant le coupable dès l'instant même de la condamnation, elles se trouvent immédiatement acquises contre lui au profit de la société. Du reste, on conçoit facilement qu'une personne reconnue indigne de jouir des prérogatives accordées par la société, ne puisse prescrire contre son indignité, car si le temps efface le souvenir du crime, il n'efface pas la perversité.

Les condamnations purement pénales s'éteignent par la mort du coupable, parce qu'elles sont attachées à sa personne ; il en est autrement des condamnations relatives aux biens ; elles passent à ses héritiers.

La prescription des peines matérielles s'interrompt par leur exécution. La prescription de la peine de la détention est interrompue par l'arrestation du condamné dans le but de lui faire subir sa peine.

QUESTIONS.

I. Le maître est-il tenu quand le gérant a cru faire sa propre affaire ? — Oui.

II. *Quid* quand la gestion a eu lieu malgré lui ? — Action *de in rem verso.*

III. Une chose payée indûment avant l'échéance du terme peut-elle être répétée ? — Oui.

IV. Celui qui a reçu de mauvaise foi une chose indue est-il tenu de tous les cas fortuits ? — Non.

V. La perte de la chose indûment payée doit-elle être supportée par le possesseur de bonne foi lorsqu'elle a eu lieu par son fait ou par sa négligence ? — Non.

VI. Qui doit prouver l'existence de la prétendue dette ? — Distinction.

Vu par le Président de la thèse.
ORTOLAN.

Vu par le Doyen,
C. A. PELLAT.

www.ingramcontent.com/pod-product-compliance
Lightning Source LLC
Chambersburg PA
CBHW060459200326
41520CB00017B/4847